Théâtre du Palais de la Jetée-Promenade
A NICE

ARLETTE

PANTOMIME-BALLET
EN DEUX ACTES (DEUX TABLEAUX)

DE

FERNAND BEISSIER

MUSIQUE DE
LOUIS GREGH

PRIX : 50 CENTIMES

La partition pour piano	2 mains, prix net	10 fr.
— —	4 —	15 »
Le pas du bouquet (Valse) . . .	2 mains, marqué	6 fr.
— —	4 —	7 50
L'entr'acte menuet	2 —	4 »
—	4 —	6 »
La danse des coupes	2 —	6 »
—	4 —	7 50

PARIS
LOUIS GREGH, Éditeur de Musique
13, CHAUSSÉE D'ANTIN, 13

1891

Droits de traduction, de reproduction, d'arrangements et d'exécution réservés.

ARLETTE

PANTOMIME-BALLET

Représentée pour la première fois à Nice au théâtre
du Palais de la Jetée-Promenade, le 10 décembre 1891.

Directeur, M. Ch. Parile.
Régisseur, M. Baudu.
Chef d'orchestre, M. Adolphe Bourdeau.
Chorégraphie réglée par M. Resta.

Imprimerie générale de Châtillon-sur-Seine. — PICHAT ET PEPIN.

FERNAND BEISSIER

ARLETTE

PANTOMIME-BALLET
EN DEUX ACTES (DEUX TABLEAUX)

MUSIQUE DE
LOUIS GREGH

PARIS
LOUIS GREGH
Éditeur de Musique
15, CHAUSSÉE D'ANTIN, 15

1891
Droits de traduction, de reproduction, d'arrangements et d'exécution
réservés.

PERSONNAGES

ARLETTE, première danseuse . . . . Mlle WANDA.
LA REINE DES FÉES . . . . LILIKA.
JEAN, travesti . . . . BRIKCA.
LE SONNEUR . . . . M. RESTA.

FÉES, VILLAGEOIS, VILLAGEOISES, MÉNÉTRIERS,
JOUEURS DE GALOUBET ET DE TAMBOURIN.

La scène se passe en Provence.

———

S'adresser pour la location de l'orchestration, mise en scène, dessins de décors et costumes, brochure, à M. Louis GREGH, éditeur, 15, Chaussée d'Antin à Paris, seul propriétaire pour la France et l'Étranger.

COPYRIGHT aux États-Unis d'Amérique, édited by Max Vogrich, SCHIRMER & C° music publishers, New-York.

ARLETTE

ACTE PREMIER

Le village. — A droite, la maison d'Arlette, dont la porte est toute tapissée de guirlandes de buis et de bouquets de roses. — Au fond, un peu sur la gauche, l'église et son clocher, avec l'horloge visible du public. — A gauche, au premier plan, le cabaret. — Devant le cabaret, des tables sont déjà disposées.

SCÈNE PREMIÈRE

Au lever du rideau, les cloches sonnent, et toute la noce, Jean et Arlette en tête, en habits de mariés, le bouquet blanc au côté, débouche sur la place, précédée des ménétriers et des joueurs de tambourin. La farandole se forme, tandis que les vieux assis devant le cabaret, dodelinant de la tête les applaudissent. La joie est sur tous les visages. Jean et Arlette s'aiment tant.

— Si nous buvions, fait Jean! — Bravo, répondent les autres!... — Et l'on s'attable, remplissant les verres, buvant à la santé des mariés, que l'on complimente, et que, par taquinerie amicale, on sépare toujours.

— Mais le sonneur, demande Jean! Je ne le vois pas. Appelons-le. Il est sans doute là-haut, dans son clocher, perché comme un hibou dans son trou noir. Ohé! sonneur!

Et tous groupés au fond, devant l'église, appellent : Ohé! sonneur!

Soudain, là-haut, à une fenêtre du clocher, la tête grimaçante et méchante du sonneur apparaît. Tous éclatent de rire.

On lui fait signe de descendre. Il ne veut pas. Alors quelques jeunes filles vont le chercher et l'amènent en scène, le traînant presque, au milieu des moqueries de tous, le cajolant comiquement. Voyez ce bel amoureux qui ne voulait pas danser avec elles !

Le sonneur, le regard en dessous, la rage au cœur, baissant la tête sous leurs sarcasmes, résiste d'abord ; puis poussé par les uns et les autres, il arrive devant les mariés, qu'il félicite. Il est jaloux de Jean. Lui aussi il aimait Arlette, sans jamais avoir osé le lui dire. Elle aurait ri de lui,

comme les autres. Mais il l'aime. Il la veut; et il
l'aura, même malgré elle.

Arlette ne peut se défendre d'un mouvement de
terreur à son approche. Elle a comme le pressentiment que cet homme leur portera malheur.

— J'ai peur, fait-elle, à Jean.

— Peur! et pourquoi? Quand il la tient là, dans
ses bras, quand les voilà mariés, et liés l'un à
l'autre pour toujours. — Allons, les amis, reprend-
il, en s'adressant aux autres, remplissez encore
les verres. Tu boiras au moins, dit-il au sonneur,
puisque tu ne veux pas danser.

— Boire oui, répond celui-ci. — Le vin au
moins donne l'oubli! — Et à part lui, menaçant,
il ajoute : Je me vengerai! — Et il s'attable avec
les autres.

Quant à Jean, il n'a soif que des yeux et des
lèvres de son Arlette. Ce qu'il veut seulement,
c'est le bouquet de fleurs d'oranger qu'elle porte
à son corsage.

— Tu ne l'auras pas, fait Arlette, en riant. Et
coquette, elle lui échappe, répondant non genti-
ment, à toutes ses prières.

Mais la danse finie, Jean, d'un coup la prenant
dans ses bras, lui enlève son bouquet qu'il élève
victorieusement au-dessus de sa tête, aux applau-
dissements de tous.

La nuit est venue.

— Et maintenant, dit Jean, mes bons amis, je

ne vous retiens plus. Voici que la nuit vient, et j'ai hâte de rester seul avec ma petite femme. Au revoir! »

Et tous viennent leur serrer la main, et leur souhaiter en riant le bonsoir. Puis on allume des lanternes; et, bras dessus bras dessous, formant la farandole, ils s'en vont. Une à une, comme des lucioles qui s'éteignent, les lanternes disparaissent et le refrain joyeux de la farandole se perd peu à peu dans la nuit.

SCÈNE II

Arlette et Jean restent seuls, tandis qu'au-dessus de leur tête les étoiles brillent semant de points d'or tout le bleu du ciel.

Ils se contemplent avec extase.

Près du cabaret, dans un coin, les bras étendus sur la table, le sonneur s'est endormi à côté de sa bouteille vide.

SCÈNE III

— « Et maintenant, fait Jean, nous sommes

seuls. Viens! » Et il veut l'entraîner vers la maison.

— Non, pas encore, je t'en supplie, murmure Arlette. — Et, se retournant, elle aperçoit le sonneur endormi et recule effrayée. D'ailleurs nous ne sommes pas seuls. Regarde.

— Lui, mais il dort profondément, et ne nous gênera guère. Regarde à ton tour. Et allant au sonneur, il lui frappe sur l'épaule, essayant de le réveiller. Mais l'autre ne bouge pas. — Qu'il dorme donc tout à son aise! Et, revenant vers Arlette, Jean plus pressant, veut l'entraîner.

— Non. J'ai peur, fait-elle, baissant les yeux.
— Peur, encore ? Mais je t'aime.
— Tu m'aimes, c'est bien vrai?
— Je te le jure à la face des étoiles qui nous éclairent. Je t'aime, ajoute-t-il en se mettant à genoux, et pour la vie entière. Rien ne pourra nous séparer!

Et comme bercée par ces douces paroles, Arlette laisse doucement tomber sa tête sur l'épaule de Jean, qui l'embrasse.

— Viens, reprend-il, en l'entraînant du côté de la maison.

— Tout à l'heure, répond-elle coquettement, en s'arrachant de ses bras. Je vais entrer là, dans ma chambre; et de cette fenêtre, je t'appellerai.

Et tandis que Jean suppliant, affolé d'amour,

tend les mains vers elle, elle lui montre la fenêtre par où elle doit l'appeler; et elle rentre brusquement chez elle, en lui envoyant du bout des doigts un dernier baiser.

SCÈNE IV

Jean reste comme en extase, quand tout à coup un éclat de rire le fait soudain retourner.

C'est le sonneur qui s'est réveillé et le regarde, haussant les épaules, comme s'il avait pitié de lui.

— Tu es donc bien amoureux, demande-t-il?

— Oh! oui! Et si tu savais comme c'est bon d'aimer.

— Bah! reprend le sonneur, fadaise que tout cela. Il n'y a rien au monde de bon comme le vin qui donne l'ivresse, et ceci qui donne toutes les joies! — Et il jette sur la table une poignée de pièces d'or.

Jean ébloui n'ose en croire ses yeux. « Tout cet or est à toi? demande-t-il.

— « Oui, à moi! Et j'en aurais plus encore, si je voulais.

— Comment! » Et Jean se rapproche, comme

fasciné par la vue de cet or que le sonneur fait joyeusement tinter devant lui.

— Oh! ça, c'est mon secret. Mais si tu le veux, je peux te faire plus riche qu'un roi.

— Moi?

— Toi-même. Et rien ne vaut la richesse. Avec elle tu peux tout acheter, le bonheur et l'amour...
Et de nouveau il se verse à boire, remplissant en même temps le verre de Jean, qu'il invite à boire avec lui.

Jean sent son esprit se troubler. La vue de cet or le grise plus encore que le vin : « Dis-moi alors comment il faut faire pour être riche », demande-t-il.

— Eh bien! écoute, reprend le sonneur. Je vais te livrer mon secret, parce que je t'aime ; — et parce que je te hais, ajoute-t-il à part lui. Tout à l'heure, quand minuit sonnera, tu iras dans la plaine, là-bas. Un grand rocher s'y dresse, non loin de l'étang. Prends une pioche, et au dernier coup de minuit frappe sans crainte. Tu verras le rocher s'entr'ouvrir, et un immense trésor apparaîtra à tes yeux; tu t'en empareras aussitôt.

Et il lui tend une pioche, précisément oubliée à côté de la porte du cabaret.

— Donne, dit Jean ébloui, — j'y vais.

— Il est perdu, fait le sonneur. Arlette est à moi!

Mais soudain les yeux de Jean se fixent sur la

fenêtre d'Arlette. La fenêtre s'éclaire. Comme une étoile elle luit dans la nuit, lui montrant le chemin du bonheur. — Il laisse échapper la pioche de ses mains. Non, il n'ira pas courir après la richesse, quand l'amour l'attend là.

— Mais un trésor aussi t'attend, murmure à ses oreilles le sonneur, voulant l'entraîner, faisant encore luire ses pièces d'or.

— Mais j'aime Arlette, fait Jean. Et Arlette m'appelle.

— Sois riche alors, si tu l'aimes. Avec la richesse tu lui donneras des bijoux qui la feront plus belle encore. Et avec la richesse aussi tu auras toutes les femmes que tu désireras. — Regarde, reprend-il, en lui montrant l'horloge. Minuit va sonner Un autre s'emparera du trésor! Un autre sera riche à ta place!

Jean lutte encore. — Puis, comme fasciné, chassant d'un coup la douce vision d'amour qui passe devant ses yeux, il se précipite sur la pioche que de nouveau le sonneur lui tend, et s'enfuit éperdu du côté de la plaine.

— Arlette est à moi, fait alors le sonneur, se redressant terrible et triomphant. Le trésor est enchanté. — Des fées le gardent. Et c'est la mort qu'il va chercher là-bas.

SCÈNE V

Arlette paraît à la fenêtre, appelant Jean. — Puis surprise de ne pas le voir, elle sort de la maison tandis que le sonneur se blottit, derrière la porte, dans l'ombre, épiant ses pas.

— « Ah! sans doute, dit-elle, il se sera caché. Il veut à son tour me faire attendre! » Et elle le cherche, coquette d'abord, suppliante, puis un peu dépitée.

« Jean! Jean! » Il ne répond pas. Se serait-il vraiment fâché! — L'inquiétude commence à la prendre. — Il est peut-être rentré dans la maison, tandis qu'elle le cherchait.

Elle va le rejoindre! Mais devant la porte surgit le sonneur. Elle recule effrayée! Cet homme l'épouvante. Elle a le pressentiment d'un malheur.

— « Où est Jean? »

— « Jean est parti! Jean t'a abandonnée! Il a préféré la richesse à l'amour. Il a fui là-bas, du côté de la plaine. »

— « Impossible, fait-elle! » Elle court dans la maison, mais elle en sort aussitôt épouvantée. Jean n'est pas là! »

— « Il est parti, te dis-je, reprend le sonneur! Et moi je t'aime! »

— « Vous me faites horreur! »

— « Tu m'appartiendras! »

— « Jamais! J'aimerais mieux mourir! »

Le sonneur éclate de rire! Et ce rire terrifie Arlette! — Il veut la saisir dans ses bras. Elle lui échappe. — Tout d'un coup une idée lui vient! C'est par là, du côté de la plaine, dit-il, que Jean a pris la fuite! Elle y court!

« Va! va! fait le sonneur! C'est moi seul qui vais t'y rejoindre! Jean est perdu! Minuit va sonner! Tu seras à moi! »

Et il se précipite sur ses traces, en éclatant de rire.

ACTE DEUXIÈME

La plaine — déserte — éclairée par la lune dont la lueur mystérieuse argente au fond les étangs. — A gauche un grand rocher. — Au fond, un peu sur la droite un petit sentier descend. — Une croix de pierre en ruine s'y dresse découpant dans la nuit comme une silhouette fantastique.

SCÈNE PREMIÈRE

Au lever du rideau, la scène est vide. Des feux follets passent, et des voix lointaines semblent murmurer par instant comme un appel.

Alors, Jean paraît, venant par le sentier de droite, avançant avec précaution, cherchant à reconnaître son chemin — hésitant parfois, — puis reprenant courage.

Il reconnaît le rocher. C'est là. C'est bien là l'endroit que lui a désigné le sonneur. Il a peur maintenant. Mais non, il veut être riche, il faut qu'il le soit.

Minuit sonne. Jean éperdu lève sa pioche et frappe le rocher, au moment même où retentit le dernier coup.

Le rocher s'entr'ouvre découvrant des monceaux d'or et de pierreries. Jean recule ébloui. Voilà le trésor! Il jette sa pioche pour s'en emparer. Mais soudain, du sol, des bords de l'étang, enveloppées dans de longs voiles blancs, les fées, qui en sont les gardiennes, surgissent et l'entourent. Jean épouvanté recule, au moment même où il allait porter la main sur le trésor maudit.

SCÉNE II

Il veut fuir. Il ne le peut, ses pieds semblent fixés au sol, et d'ailleurs toutes ces ombres blanches lui barrent le passage.

Et tandis que soudain le voile qui les couvre tombe, du monceau d'or, belle et provocante, surgit la reine des fées.

Jean terrifié, les reconnait. Ce sont les fées gardiennes des trésors maudits. Il est perdu.

Mais sur un signe de la reine, les fées diversement groupées l'entourent, l'enlacent, essayant de le séduire et de l'entrainer là-bas, vers les étangs. Jean, faisant appel à toute son énergie, leur échappe, cherchant à fuir.

Alors la reine s'approche, lui souriant, lui tendant les bras, et Jean affolé, commence à se sentir entrainé malgré lui. Il la trouve si belle!

— Pourquoi trembles-tu ainsi? demande-t-elle.

— Laisse-moi fuir, supplie Jean. Je jure de ne plus porter la main sur les trésors que tu gardes. Pardonne-moi.

— Pourquoi ne veux-tu pas m'aimer? demande-t-elle encore, plus provocante. Pourquoi détournes-tu la tête?

— Là-bas, celle que j'aime m'attend et j'ai juré de lui être fidèle.

— Et qu'importe ton serment? Est-elle plus belle que moi? — Tourne les yeux de mon côté. Regarde mes longs cheveux où luisent les divines émeraudes, regarde mes lèvres avides de tes baisers. Regarde mes yeux qui te cherchent. Aime-moi!

Et Jean éperdu, la regarde lui sourire, toujours entrainé vers elle, sentant ses dernières résistances vaincues.

— Viens avec nous, reprend-elle. La richesse et les amours sans fin t'attendent. Viens!

Et elle lui tend les bras, tandis qu'autour de lui les autres fées se groupent, provocantes et lascives.

« Eh! bien, dit Jean, affolé, je te suivrai puisque tu le veux. Je t'aime! » Alors la reine fait un signe, les fées prennent chacune une coupe dans la grotte. Elle en donne une à Jean; et une des fées leur verse, avec une aiguière d'or, un fantastique breuvage qui flambe dans les coupes. Jean y trempe ses lèvres. Cette liqueur lui brûle le cœur et le grise. Et de nouveau il tend sa coupe, qu'il vide cette fois jusqu'au bout.

Il est à nous, dit la reine des fées.

Et toutes, éperdues de joie, conduites par la reine, vers laquelle Jean amoureux tend maintenant ses bras suppliants, sont entraînées dans une ronde bruyante où les coupes s'entrechoquent, où les bras s'enlacent, où les lèvres se cherchent, tandis que de nouveau, les feux follets s'allument sur l'étang et que le rocher, la grotte et le trésor semblent s'embraser, éclairant d'une lueur rouge la ronde fantastique.

Jean va poser ses lèvres sur celles de la reine, quand tout à coup ses mains rencontrent le bouquet de mariée qu'il a pris à Arlette et piqué à son corsage. D'un coup toute sa raison lui revient. Il prend le bouquet, l'embrasse, lui demandant du courage. Et les fées soudain reculent. Le bouquet protège Jean contre tous leurs sortilèges.

Mais il faut que Jean soit à elle, puisqu'il a voulu toucher au trésor qu'elles gardent. La reine s'empare du bouquet, que Jean veut en vain lui reprendre. Cette fois il est bien à elle. Plus rien ne peut le défendre.

Soudain au haut du sentier, Arlette, éperdue, les cheveux épars, apparaît. Elle aperçoit Jean aux prises avec les fées ; et elle se précipite à son secours.

Jean se jette dans ses bras. — Arlette ! Il est sauvé !

— Non, fait la reine menaçante. Vous serez perdus tous les deux. A cette heure je suis toute-puissante et maintenant j'ordonne. — Elle fait un signe aux fées qui l'entourent. Qu'on les sépare !

Mais Arlette tout à coup, aperçoit la croix. Elle y entraîne Jean. Ils sont sauvés. Qu'elles viennent les prendre là, si elles l'osent !

Et les fées, comme devant une barrière invisible qu'elles ne peuvent franchir, la rage au cœur, menaçantes, s'arrêtent brusquement.

SCÈNE III

A ce moment paraît le sonneur. D'un coup d'œil il a deviné toute la scène. Et une colère folle le prend, en voyant réunis Jean et Arlette. Elle lui échapperait donc ! — Mais apercevant le trésor, il y court. S'il n'a pas l'amour, qu'il ait au moins la richesse.

Soudain une lueur luit à l'horizon. — C'est le jour. — Les fées d'un seul coup disparaissent. Et le sonneur, entraîné par elles, s'engloutit dans la terre avec le trésor, aux yeux épouvantés d'Arlette qui à genoux, essaie de ranimer Jean évanoui au pied de la croix. Elle appelle au secours.

SCÈNE IV

Enfin il revient à lui. Il voit Arlette à ses côtés, le souvenir lui revient, et il se jette à ses genoux, lui demandant un pardon, qu'elle lui refuse tout d'abord.

— Pourquoi m'as-tu quittée? demande-t-elle. Tu mentais donc quand tu me parlais d'amour.

— Mais je n'aime que toi.

— Mensonge! — puisque tu as préféré la richesse à l'amour.

— Si je voulais être riche, c'était pour toi. Et je comprends maintenant pourquoi le sonneur m'a parlé de ce trésor maudit. Il voulait ma perte. Et il la supplie si fort, qu'Arlette pardonne, et tombe dans ses bras, alors qu'au haut du sentier les gens de la noce, ménétriers en tête paraissent, cherchant les mariés.

SCÈNE V

Arrivés près d'Arlette et de Jean, ils les questionnent anxieusement sur ce qui s'est passé. Pourquoi les retrouve-t-on, dans la plaine à cette heure? Arlette leur explique comment ils ont été miraculeusement sauvés et comment le sonneur qui voulait les perdre, s'est englouti dans la terre, avec les fées auxquelles il croyait les livrer.

— Bon débarras, font les autres.

Et Jean jure à Arlette que désormais il n'aura plus d'autre ambition que de la rendre heureuse et qu'il se contentera de son amour, qui vaut plus encore que tous les trésors du monde.

Les jeunes filles apportent des guirlandes de fleurs, et tandis que sonnent les galoubets et battent les tambourins, elles forment comme un dais de roses au-dessus de la tête des mariés.

Le soleil éclaire joyeusement toute la scène.

FIN

Imprimerie générale de Châtillon-sur-Seine. — PICHAT ET PEPIN.

IMPRIMERIE GÉNÉRALE DE CHATILLON-SUR-SEINE. — PICHAT ET PEPIN.

www.ingramcontent.com/pod-product-compliance
Lightning Source LLC
Chambersburg PA
CBHW060621050426
42451CB00012B/2370